合肥市轨道交通工程标准化丛书

合肥市城市轨道交通工程安全文明施工标准化图集

《合肥市轨道交通工程标准化丛书》编委会◎编著

姚 凯◎主审　　张思源◎主编

人民交通出版社股份有限公司
China Communications Press Co.,Ltd.

内 容 提 要

本书主要从施工生产设施、生活办公设施、安全防护设施、环保与污染防治设施、临时用电设施5个部分，进一步统一和规范了合肥市轨道交通工程安全文明施工标准化的内容，对合肥市轨道交通工程施工管理水平的提高、良好建设形象的树立具有显著促进作用。

本书可为各市开展城市轨道交通工程施工标准化工作提供借鉴与参考，也可供相关建设、管理人员参考使用。

合肥市轨道交通工程标准化丛书

书　　名：	合肥市城市轨道交通工程安全文明施工标准化图集
著 作 者：	《合肥市轨道交通工程标准化丛书》编委会
责任编辑：	尤　伟
出版发行：	人民交通出版社股份有限公司
地　　址：	（100011）北京市朝阳区安定门外外馆斜街3号
网　　址：	http://www.ccpress.com.cn
销售电话：	（010）59757973
总 经 销：	人民交通出版社股份有限公司发行部
经　　销：	各地新华书店
印　　刷：	北京盛通印刷股份有限公司
开　　本：	880×1230　1/16
印　　张：	6.25
字　　数：	140千
版　　次：	2015年8月　第1版
印　　次：	2015年8月　第1次印刷
书　　号：	ISBN 978-7-114-12418-1
定　　价：	80.00元

（有印刷、装订质量问题的图书由本公司负责调换）

图书在版编目（CIP）数据

合肥市城市轨道交通工程安全文明施工标准化图集 /《合肥市轨道交通工程标准化丛书》编委会编著. -- 北京：人民交通出版社股份有限公司，2015.8

ISBN 978-7-114-12418-1

Ⅰ.①合… Ⅱ.①合… Ⅲ.①城市铁路—铁路工程—工程施工—安全管理—标准化管理—合肥市—图集 Ⅳ.①U239.5-65

中国版本图书馆CIP数据核字(2015)第179861号

《合肥市轨道交通工程标准化丛书》编委会

主　审：姚　凯

主　编：张思源

副主编：郑　群　邓　敏　张贵平

委　员：林计密　黄　俊　凌玉华　夏卫平　陶治来

　　　　马晶晶　王　海　汪　明　余　平　李　凯

　　　　黄　洋　刘启刚　李　勇　周巨恒　许如专

　　　　李国瑞　丁　斌　李时珍　张德武　周　伟

　　　　王国正　王　杰　周　乐　郑　浩

前言 PREFACE

  为了促进合肥市城市轨道交通工程安全文明施工管理水平不断提高，树立良好的建设形象，依照《地下铁道工程施工及验收规范》（GB 50299—1999）、《城市轨道交通工程质量安全检查指南（试行）》、《合肥市轨道交通工程标准化工地及文明施工管理办法》等有关规定和标准，编制了《合肥市城市轨道交通工程安全文明施工标准化图集》（以下简称《图集》）。

  《图集》主要从施工生产设施、生活办公设施、安全防护设施、临时用电设施、环保与污染防治设施5个部分，进一步统一和规范了安全文明标准化的内容。《图集》要求为基本要求，各参建单位可以在此基础上按更高标准设置，《图集》未涵盖的内容，依据有关法律法规、规范标准执行。

  本《图集》由《合肥市轨道交通标准化丛书》编委会负责修订解释，执行过程中如有意见或建议，请寄送合肥城市轨道交通有限公司建设事业部（地址：合肥市阜阳路17号；邮政编码：230001）。

《合肥市轨道交通工程标准化丛书》编委会

2015年6月

目录
CONTENTS

NO.1 施工生产设施

1.1 围挡 …………………………………………………………… 003
1.2 大门 …………………………………………………………… 009
1.3 视频监控和门禁系统 ………………………………………… 014
1.4 七牌一图 ……………………………………………………… 018
1.5 场地硬化 ……………………………………………………… 020
1.6 加工棚 ………………………………………………………… 021

NO.2 生活办公设施

2.1 职工宿舍 ……………………………………………………… 025
2.2 职工食堂 ……………………………………………………… 028
2.3 职工厕所、洗浴间 …………………………………………… 031
2.4 消防管理 ……………………………………………………… 035

NO.3 安全防护设施

3.1	安全帽分色管理	041
3.2	临边护栏	042
3.3	孔口防护	044
3.4	管线保护	045
3.5	上下通道	046
3.6	动火防护	048
3.7	盾构隧道线路敷设	049
3.8	隧道内的警示灯箱布置	051
3.9	隧道无线通信系统	052
3.10	安全标志牌	053

NO.4 临时用电设施

4.1	配电系统	059
4.2	配电系统安全防护	062
4.3	用电设备安全防护	067
4.4	照明用电	068
4.5	用电安全管理	069

CONTENTS 目录

NO.5 环保与污染防治设施

- 5.1 车站冲洗平台 …………………………………… 074
- 5.2 沉淀池 …………………………………………… 078
- 5.3 渣土覆盖 ………………………………………… 081
- 5.4 智能渣土车 ……………………………………… 082
- 5.5 洒水车与机械清扫车 …………………………… 084
- 5.6 喷射混凝土防护棚 ……………………………… 085
- 5.7 全封闭拌和楼 …………………………………… 086
- 5.8 污染防治取费标准 ……………………………… 087

参考法律法规及标准规范 …………………………… 089

NO. 1

HeFei Safe And Civilized City Rail Transit
Construction Standard Atlas
合肥市城市轨道交通工程安全文明施工标准化图集

施工生产
设施

1

CONSTRUCTION PRODUCTION FACILITIES

NO.1 施工生产设施

1.1 围挡

◆围挡，要求灰色向外，蓝色向内。

▲ 长期围挡效果图

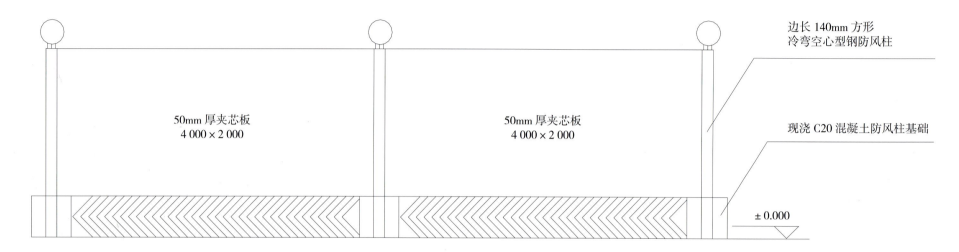

▲ 长期围挡立面图（单位：mm）

■ 长期围挡标准

◆施工场地连续作业 3 个月以上，必须安设永久围挡。
◆统一采用高度为 200cm 的蓝灰色夹芯板，夹芯板厚度 50mm 以上。
◆在坡面场地时，围挡基础采用错台设置，严禁采用斜坡过渡形式。
◆每 4m 设置冷弯空心型钢防风柱兼灯柱一处。

■ 临时围挡标准

◆ 在施工场地以外进行管线改移等临时性施工作业且施工作业时间在 3 个月以下的，必须安设临时围挡。

◆ 临时围挡采用组合装配式彩钢围挡，围挡采用 50cm 高砖砌矮墙作基础，采用 2.0m 高蓝色彩钢板制作，彩钢板厚度 0.5mm 以上，钢质骨架，彩钢板必须采用锚钉与骨架固定。

▲ 临时围挡效果图

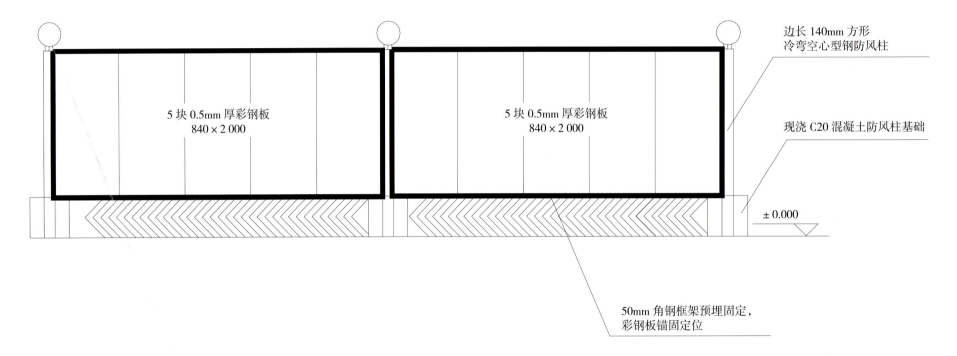

▲ 临时围挡立面图（单位：mm）

NO.1 施工生产设施

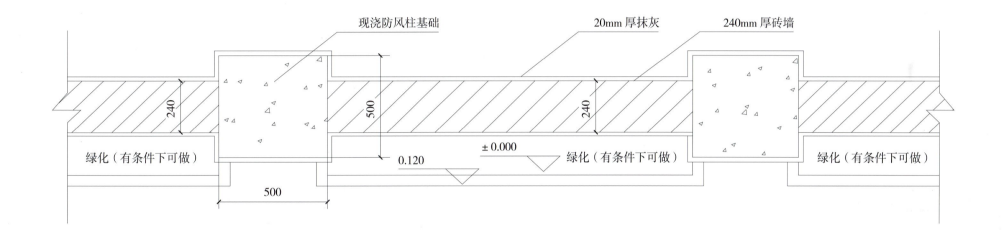

▲ 通用围挡基础平面图（单位：mm）

■ 围挡外宣传画

◆ 围挡外侧须刊登合肥市轨道建设宣传画及"讲文明、树新风"公益广告。

◆ 宣传画按围挡板间隔设置，其中公益广告刊登面积不少于围挡总面积的30%，具体内容按合肥市文明办相关要求执行。

◆ 施工期间围挡及宣传画出现破损、变形，施工单位必须及时更换。

◆ 可以留白，隔一幅板，设置一处宣传画。

▲ 围挡外宣传画实景图

▲ 围挡外宣传画效果图

1.2 大门

■ 工地大门

◆ 施工现场出入口设置8m宽实体大门；大门具备采用推拉门条件的，均需采用推拉门。

◆ 门柱采用砖砌立柱，主大门立柱800mm×800mm（含贴瓷砖）。

◆ 工点名称和承建单位名称相隔写在柱子上，大门外侧设立公示牌[2.0m（宽）×1.5m（高）]，书写工程项目、建设单位、承建单位、设计单位、监理单位等的名称及其负责人名称和企业标志等。

▲ 工地大门示意图

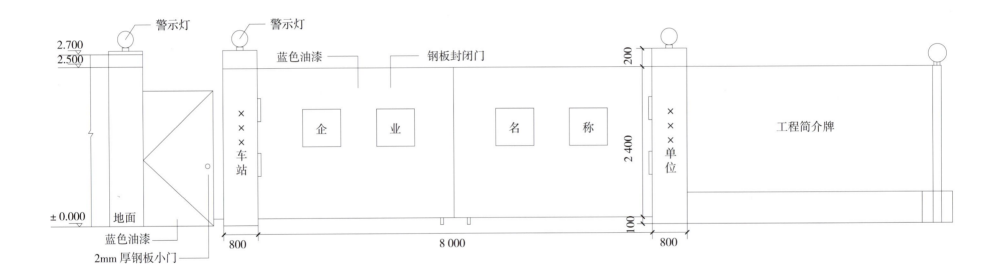

▲ 工地大门尺寸及细部做法立面图（单位：mm）

NO.1 施工生产设施

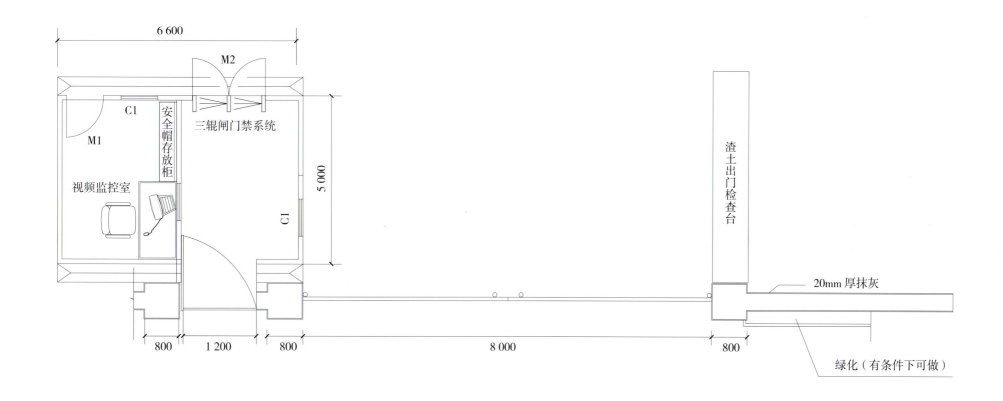

▲ 工地大门尺寸及细部做法平面图（单位：mm）

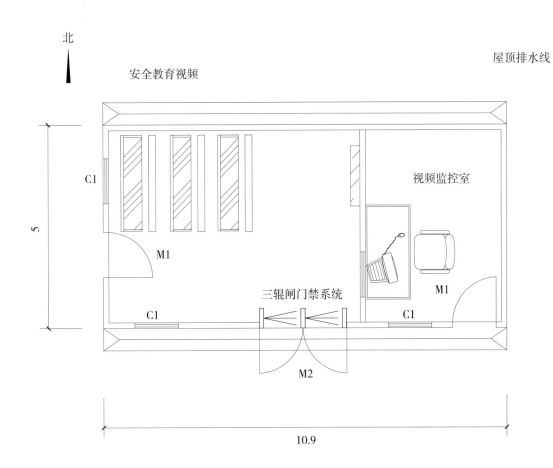

▲ 警卫室大样图（单位：m）

■ 警卫室

◆ 大门一侧应设置施工人员专用通道和值班室，制定值班制度，严格执行外来人员进场登记制度。

◆ 通道内设置衣冠镜、安全帽领取点。

■ 项目部大门

◆ 设置电动伸缩门。
◆ 门柱采用砖砌立柱，800mm×800mm（含贴瓷砖）；门柱间距大于或等于6m。
◆ 立柱上书写项目部名称。

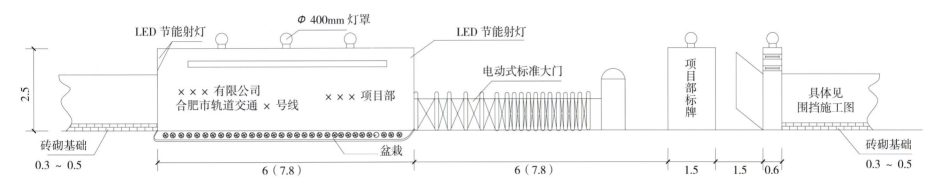

▲ 项目经理部电动式标准大门立面图（单位：m）

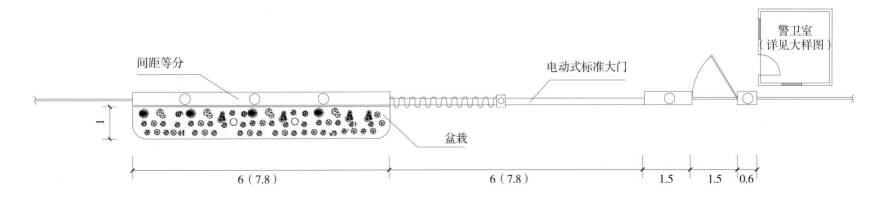

▲ 项目经理部电动式标准大门平面图（单位：m）

1.3 视频监控和门禁系统

■ 监控室
◆ 项目部设置独立监控室,每天 24h 设专人值班。

■ 施工监控
◆ 施工现场各掌子面设置监控摄像头,并随施工进度及时跟进。
◆ 施工过程中摄像头无污染、损毁现象,图像传输清晰。

■ 门禁系统
◆ 现场井口门禁系统安装符合要求,日常下井人员的统计记录齐全,人员类型及数量统计准确。

■ 渣土监控
◆ 进行土方施工阶段,渣土运输车辆出入口按要求设置摄像头和抓拍设备。

■ 施工机械
◆ 施工提升设备、龙门吊操作室安装可监视作业面视频监视设备。

■ 安防监控
◆ 生活区、施工区域设置监控摄像头,摄像头布设合理,传输图像清晰、稳定,确保无死角、无盲区。
◆ 手机充电间室内安装监控摄像头。
◆ 项目部重要部门安装报警装置。

NO.1 施工生产设施

▲ 视频监控和门禁系统实景图

■ 竖井门禁系统

◆ 人员携带门卡经过时，门禁系统自动识别并显示在屏幕上。有人员经过时，系统会自动抓拍，并存储照片。

■ 班前讲评台

◆ 班前讲评台材质采用不锈钢或钢结构等材质制作。

▲ 班前讲评台效果图

▲ 班前讲评台尺寸（单位：mm）

NO.1 施工生产设施

▲ 提示牌

▲ 安全警示镜

1.4 七牌一图

◆ 施工现场应在施工大门口或其他合理醒目位置设置七牌一图，即：
（1）工程概况标示牌；
（2）安全生产标示牌；
（3）文明施工标示牌；
（4）消防保卫标示牌；
（5）管理人员名单及监督电话标示牌；
（6）领导带班公示牌；
（7）"四员"管理公示牌；
（8）现场总平面布置图。

▲ 图牌效果图

NO.1 施工生产设施

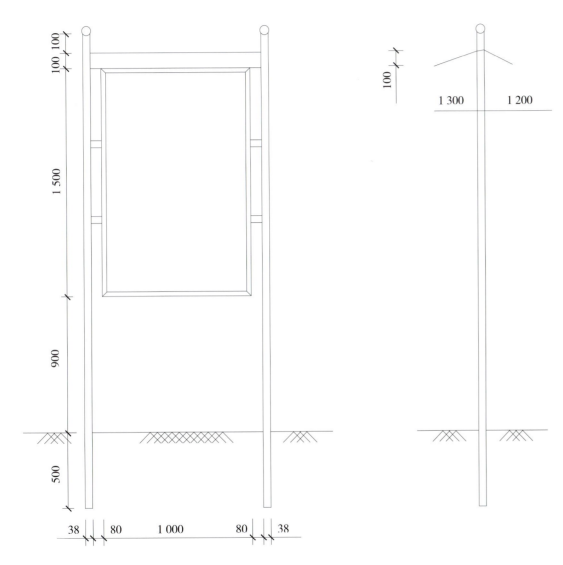

▲ 图牌立面图（单位：mm）

- 单框尺寸为 1.5m（高）×1m（宽）（含边框），图牌距离地面高度为 0.9m。
- 图牌采用不锈钢平直钢板，蓝底白字。
- 标牌四周采用壁厚 1mm 的方钢（30mm×20mm）作为边框。
- 顶部设阳光板篷。
- 立柱支架采用壁厚 1mm、直径 38mm 的不锈钢管。柱顶设直径 48mm 的不锈钢圆球作为装饰，立柱长 3.1m，埋入地下 0.5m。

1.5 场地硬化

◆ 施工现场临时道路、材料堆场及材料加工场地面必须进行硬化处理。围挡外临时交通导改道路按照设计图施工。

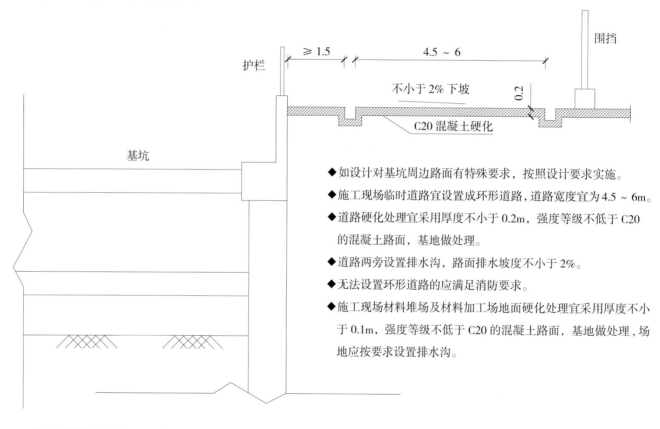

▲ 场地硬化标准（单位：m）

- ◆ 如设计对基坑周边路面有特殊要求，按照设计要求实施。
- ◆ 施工现场临时道路宜设置成环形道路，道路宽度宜为4.5～6m。
- ◆ 道路硬化处理宜采用厚度不小于0.2m，强度等级不低于C20的混凝土路面，基地做处理。
- ◆ 道路两旁设置排水沟，路面排水坡度不小于2%。
- ◆ 无法设置环形道路的应满足消防要求。
- ◆ 施工现场材料堆场及材料加工场地面硬化处理宜采用厚度不小于0.1m，强度等级不低于C20的混凝土路面，基地做处理，场地应按要求设置排水沟。

1.6 加工棚

- 施工现场所有钢筋、木工加工场均需设置加工棚。
- 加工棚的高度与宽度应根据现场条件和工作需要确定，满足作业要求。
- 加工棚框架体系采用轻钢结构搭设，拉结牢固，并进行计算，加工棚应有足够强度满足抗风、抗雨雪恶劣天气。
- 加工棚跨度不大于 10m 的，宜采用钢结构圆弧顶篷；跨度大于 10m 的，应设计成固定式坡屋面钢结构；当加工棚处于高空坠物半径内或处于起重机臂杆回转范围内时，必须采取双层防护，上下层间隔 0.6m。
- 加工棚立柱刷黄黑相间油漆，顶面四周刷红白油漆，并悬挂安全警示标语。
- 木材、钢材的加工机具需在加工棚内使用，并在棚内悬挂机具操作规程，机具转动部位需设置防护措施。

▲ 加工棚效果图

▲ 和县路车站钢筋加工棚实景图

▲ 东二环路车站钢筋加工棚实景图

NO. 2

HeFei Safe And Civilized City Rail Transit Construction Standard Atlas
合肥市城市轨道交通工程安全文明施工标准化图集

生活办公
设施

**LIFE OFFICE
FACILITIES**

2.1 职工宿舍

- 宿舍实行统一管理，严禁使用通铺，每间宿舍至少有一扇可开启窗户，完好无损；宿舍设置统一床铺和储物柜，室内保持通风、整洁，生活用品放置整齐，应有消暑，防蚊虫、鼠、蟑螂叮咬等措施，且每周进行不少于两次的集中卫生防疫工作，并做好日常卫生防疫记录。
- 宿舍进行统一编号，每间宿舍门口挂置宿舍责任牌，注明班组名称、治安、卫生、消防责任人及值日安排；居住人员姓名、照片、身份证号码在进门口一侧挂牌明示并注明其工种。

▲ 职工宿舍建筑效果图

NO.2 生活办公设施

- 宿舍内（包括值班室）夏季、冬季分别有降温、供暖措施，严禁私搭乱接，严禁使用煤气灶、煤油炉、电饭煲、热得快、电炒锅、电炉等器具。
- 宿舍及办公用房与施工作业区应分别设置，每栋房屋间隔不小于3.5m，不宜超过两层，必须符合安全使用要求，并满足消防车通行条件。
- 宿舍及办公用房建筑构件的金属夹芯板芯材应达到A级阻燃材料要求。
- 宿舍内保证有必要的生活空间，室内净高不得小于2.4m，每间宿舍居住人员不得超过8人，人均面积不小于2m²，通道宽度不小于1.2m。

▲ 职工宿舍实景图

2.2 职工食堂

- 统一设置一个厨房,宜采用单层砖混结构房屋,并独立设置,食堂规模应与工程建设及用餐人数相适应;
- 远离厕所 30m 以上;
- 内墙 2m 以下和灶台、工作台、售饭窗台铺贴白瓷片;
- 有厨房卫生制度、落实责任人;
- 厨房环境卫生洁净;
- 炊事人员穿戴白衣帽及袖套;
- 有《餐饮服务许可证》,炊事人员有健康证,经过食品安全培训;
- 生、熟食分开存放,熟食有防蝇纱罩;
- 熟食间设两套食品用具(盛盘、刀、砧板);
- 熟食间输送门窗设有纱门、纱扇;
- 餐具消毒、洁净;
- 配备冰箱(冰柜);
- 保证供水卫生饮水、加设锁茶水桶;
- 有排水设施、无积水;
- 厨房附近设置有盖垃圾桶;
- 必须制定食品留样制度。

▲ 职工食堂熟食间一角

NO.2 生活办公设施

▲ 职工食堂实景图

■ 职工食堂管理职责

（1）抓好食堂所有员工的管理工作，抓好员工的劳动纪律及思想教育工作，经常组织员工学习《食品卫生法》；
（2）负责食堂的伙食安排和原料的采购工作；
（3）掌握每天的食品用量，严格掌控液化气、卫生清洁用品等食堂运营所开支的各项费用；
（4）抓好成本核算，严格管理，减少浪费，及时平衡盈亏；
（5）做到全程质量管理，把握各道工序质量关；
（6）安排并督促食堂的安全管理及卫生工作，督促全体食堂员工办好健康证；
（7）以身作则，严于律己，要经常征求就餐者意见，并积极改进。

2.3 职工厕所、洗浴间

- 男厕所按作业高峰人数设置，作业高峰人数在50人以下时坑位不少于5个，小便器不得少于5个；50人以上时，每增加50人，坑位以每次累进增加2个，小便器以每次累进增加2个，女厕所坑位视实际情况而定。
- 宜采用通风良好的自动水冲式厕所，蹲便器间距不应小于0.9m，蹲位宜高出地面设置，并设置隔板封闭。

■ 职工厕所

- 厕所内墙、蹲坑、坑槽均应贴瓷砖，墙裙瓷砖高度不低于1.2m，地面应贴防滑地砖，地面确保不得积水。
- 厕所要实行专人管理，及时清扫，保持整洁，应有灭蚊蝇措施，地坪贴防滑地砖，拉设平顶，并张贴管理制度及保洁图牌。

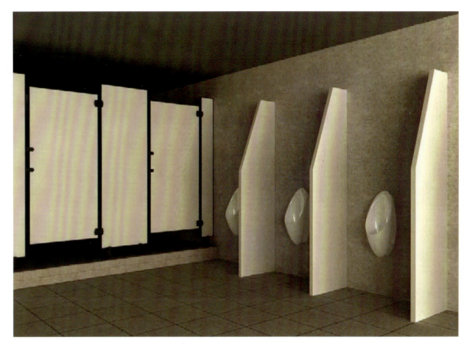

▲ 职工男厕所一角

▲ 职工厕所实景图

洗浴间

- 男洗浴间按作业高峰人数，设置冷热水管和淋浴喷头，作业高峰人数50人以下，不得少于5个；50人以上，每增加50人，以每次累进增加2个，喷头间距不小于1.0m，并采用节水龙头，每处喷淋位置应设置香皂架，并可根据实际需要设置储衣柜或挂衣钩。
- 女洗浴间设置淋浴喷头，视实际情况而定。
- 浴室墙体1.8m以下贴瓷砖，地面应铺设防滑地砖，合理设置排水沟。
- 浴室设置热水喷淋系统，采用电、太阳能或锅炉，保证24h供应热水。
- 浴室应有良好的通风设施，配备专门的卫生保洁员，随时保持清洁，无异味，并挂设相应管理制度及保洁图牌。

▲ 洗浴间一角

HeFei
Safe And Civilized City Rail Transit Construction Standard Atlas | 合肥市城市轨道交通工程安全文明施工标准化图集

▲ 洗浴间实景图

▶ 洗浴间储物柜

2.4 消防管理

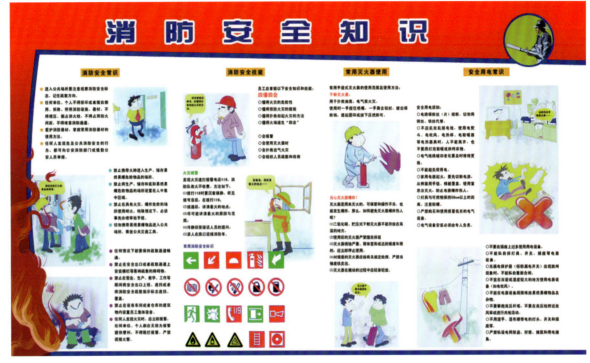

▲ 消防安全知识展板

■ 消防安全管理

◆建立健全消防安全制度及操作规程。

◆对全体员工进行消防安全教育培训,并积极利用进场前、节假日等重点环节和重要时段,对作业人员进行消防安全宣传教育。

◆在施工现场入口处、临时用电设施、脚手架、出入通道口、楼梯口及存放易燃、易爆危险用品等部位,设立明显的消防安全警示标志。

◆电焊、气焊、电工等具有火灾危险性的特殊工种人员必须持证上岗。

■ 消防平面布局

◆施工现场应明确划分固定动火作业、易燃易爆材料存放、易燃废品集中站、仓库等区域。
◆在施工现场内不应设置员工集体宿舍。

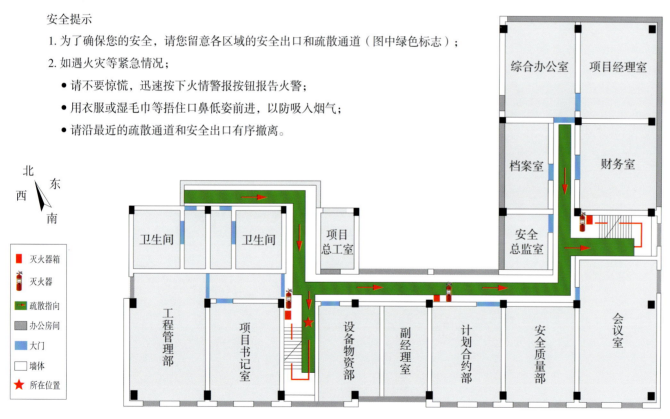

▲ 消防安全疏散示意图

NO.2 生活办公设施

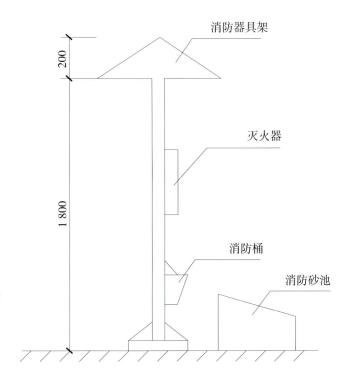

▲ 消防器具集中点侧面图（单位：mm）

■ 消防设施管理

◆ 按要求设置灭火器、临时消防给水系统和临时消防应急照明等临时消防设施。

◆ 临时消防设施的设置应与在建工程的施工保持同步。

◆ 施工工地应当保证临时消防供水，当外部消防水源不能满足临时消防用水量要求时，应在施工现场设置临时储水池。

■ 消防器材配备标准

- ◆ 厨房：面积在 100m² 以内，配置 4 个灭火器、每增 50m² 增配 1 个灭火器；
- ◆ 材料库：面积在 50m² 以内，配置灭火器不少于 1 个，每增 50m² 增配灭火器不少于 1 个（如仓库内存放可燃材料较多，须相应增加）；
- ◆ 施工办公区：面积在 100m² 以内，配置灭火器不少于 1 个，每增 50m² 增配灭火器不少于 1 个；
- ◆ 可燃物品堆放场：面积在 50m² 以内，配置灭火器不少于 4 个；
- ◆ 油料库：面积在 50m² 以内，配置灭火器不少于 4 个，每增 50m² 增配灭火器不少于 1 个；
- ◆ 木操作棚：面积在 50m² 以内，配置灭火器不少于 4 个，每增 50m² 增配灭火器 1 个；
- ◆ 集体宿舍：每 25m² 配置灭火器 1 个，如占地面积超过 1 000m²，应按每 500m² 设立一个 2m 的消防水池；
- ◆ 临时动火作业场所：配置不少于 1 个灭火器和其他消防辅助器材；
- ◆ 在建建筑物：施工层面积在 500m² 以内，配置灭火器不少于 2 个，每增 500m² 增配灭火器 1 个，非施工层必须视具体情况适当配置灭火器材；
- ◆ 配电房：配置灭火器不少于 1 个。

▲ 消防架

NO.3

HeFei Safe And Civilized City Rail Transit
Construction Standard Atlas
合肥市城市轨道交通工程安全文明施工标准化图集

安全防护
设施

3.

SAFETY PROTECTION FACILITIES

3.1 安全帽分色管理

▲ 建设单位　　　　▲ 监理及第三方服务单位　　　　▲ 施工单位管理人员　　　　▲ 施工单位操作工人

3.2 临边护栏

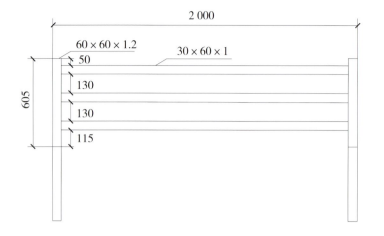
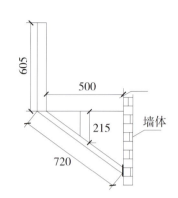

▲ 基坑临边防护栏侧面图（单位：mm）

▲ 基坑临边防护栏实景图

■ 基坑临边防护

◆ 基坑周边必须设置不低于 1.2m 高的临边防护栏杆，立杆间距 2m。
◆ 防护栏杆刷红白相间警示漆。
◆ 防护栏杆与墙体连接牢固。

NO.3 安全防护设施

■ 其他临边防护

- 可用于结构层施工、临时性的基坑、泥浆池、较大坑槽、临空边安全通道等的临边防护。
- 防护栏高度不低于 1.2m（不含挡水台），下杆离地 0.6m，上杆离地 1.2m，立杆间距 2m，底侧设置挡脚板。
- 钢管采用焊接或扣件连接。
- 防护栏杆刷间距 300mm 红白或黄黑相间警示漆，栏杆立面使用密目网防护并悬挂安全标志牌。

▲ 其他临边防护实景图

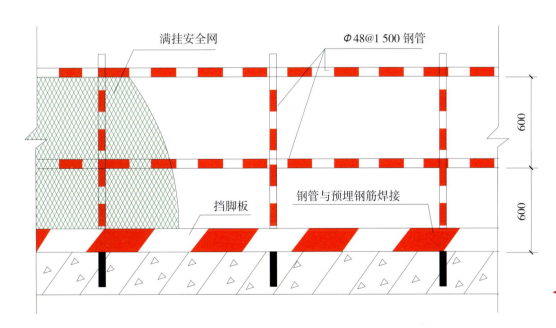

◀ 其他临边防护侧面图（单位：mm）

3.3 孔口防护

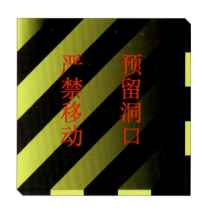

▲ 模板上盖防护效果图

▲ 孔口防护实景图

- 50cm × 50cm 以上的洞口及临边,设1.2m 标准防护栏杆,四周张挂密目式安全网,洞口防护栏杆上加盖安全防坠网。
- 防护栏杆采用红白或黄黑相间警示漆并悬挂安全标志牌。
- 50cm × 50cm 以下的洞口,采用木材加模板上盖防护,固定牢靠。
- 模板面涂刷黄黑相间警示漆,并注明"注意安全"、"严禁移动"等字样。

3.4 管线保护

- ◆ 管线入地埋设于管线沟槽内，采用硬质材料保护，尽量避开建、构筑物和交通要道。
- ◆ 地下管线走向正上方地表喷绘警示油漆，并间隔20m设置警示标志牌。
- ◆ 管线悬吊应对受保护管线进行硬质保护，并采用钢性材料支撑，支撑喷绘警示油漆，并悬挂安全警示标志牌。

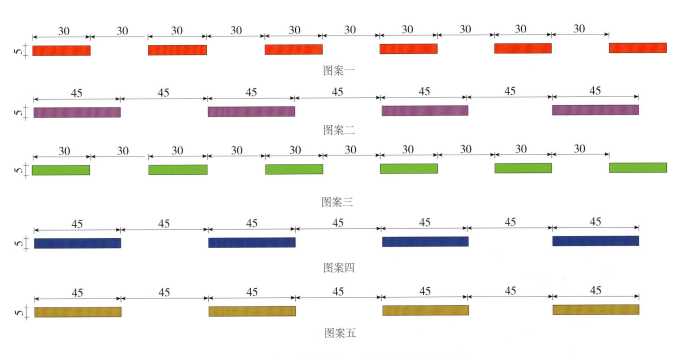

说明：1.图案一用于电力管线；2.图案二用于燃气、热力管线；3.图案三用于弱电管线；
4.图案四用于供水管线；5.图案五用于雨污水管线。

▲ 管线保护类型平面图（单位：cm）

▲ 管线安全警示标志牌

3.5 上下通道

- 车站基坑施工采用定制梯笼，分阶段放置，确保基础牢固，安全可靠。
- 车站基坑采用上下通道应满足双通道设置，一处设门禁设施，一处留作应急通行。

▲ 上下通道梯笼实景图

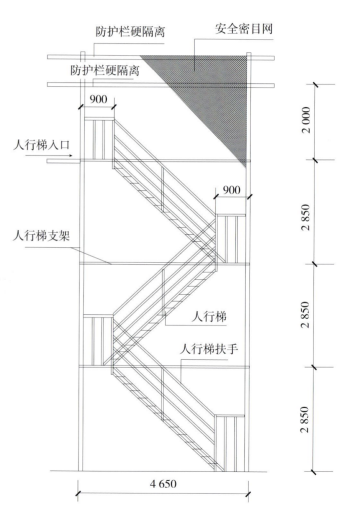

▲ 上下通道梯笼立面图（单位：mm）

NO.3 安全防护设施

▲ 上下通道梯笼实景图

◆ 盾构井采用定制梯笼，分阶段放置，确保基础牢固，安全可靠。
◆ 盾构下井口采用钢制转角楼梯，踏步板宽26cm，步距16cm，楼梯宽110cm，栏杆高120cm。
◆ 其他临时上下通道标准根据现场情况确定。

3.6 动火防护

▲ 动火防护实景图

- 严格用火、用气管理制度，动火作业应当办理动火许可证，动火操作人员应当具有相应资格，作业现场应当严格落实防火监护措施。
- 在防水材料附近部位施工时，钢筋连接工艺应采用绑扎、卡具、拴接等形式，不使用明火焊接或切割作业。如确需局部动火作业的，必须经严格审批，并采取有效消防措施。
- 液化石油气钢瓶应专库存放，气瓶与灶连接超过2m的应使用金属管连接，不得在施工现场使用液化气。

NO.3 安全防护设施

3.7 盾构隧道线路敷设

▲ 盾构隧道线路敷设实景图

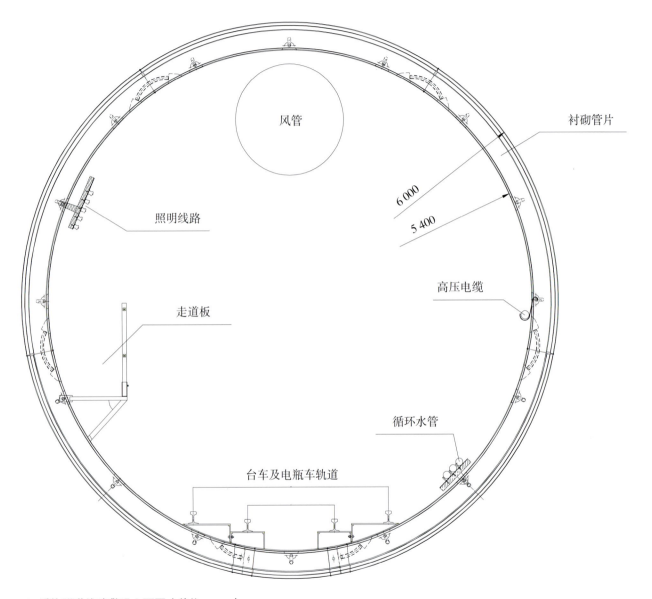

▲ 盾构隧道线路敷设立面图（单位：mm）

- 通风管设在隧道顶部，高压风水管、高压线、动力线、照明线设在隧道同侧，采用固定支架均匀布置。场地内严禁出现电缆拖地。
- 人行道安装在隧道另一侧，固定支架，布置均匀。
- 洞内照明通风排水良好；运输道路平顺无堵塞，机械管理有序规范。
- 洞内配电箱安装漏电保护器，均有"有电危险"警告牌 (0.4m×0.4m)。
- 盾构隧道管片每5环有一环号标记，字体采用喷绘，严禁随意标注。

3.8 隧道内的警示灯箱布置

◆ 隧道内的警示灯箱布置，在井口正面正五环附近为布置点，左右两侧布置灯箱的种类为"当心吊物、严禁搭乘、电机车限速"等。灯箱布置可根据隧道管片手孔的特点和测量平台的位置进行设置。

◆ 灯箱的规格一般为1 250mm×400mm×200mm。内设环形灯管，正反两面为有机玻璃，标注警示字样或图案。目前灯箱警示种类为：密闭空间注意安全（正面）、注意吊物机车限速（背面）、机车限速、严禁搭乘、当心吊物、禁止吸烟、禁止跨越等。

▲ 警示灯箱图实景图

说明：1.灯箱采用角钢加铝合金制作而成。2.字体为华文中宋。

▲ 警示灯箱规格（单位：mm）

3.9 隧道施工通信系统

▲ 地面监控室有线程控电话

▲ 盾构机操作室有线程控电话

■ 专用程控电话

◆ 盾构隧道盾构机操作室与地面监控室之间必须建立专用程控电话，地面监控室安排专人 24h 不间断值班。

■ 无线通信系统

◆ 盾构施工均需设置无线通信系统，满足安全施工要求。
◆ 对讲机中继台是用来增大对讲机通信距离的设备，当两台对讲机的距离超过了对讲机信号辐射范围时，对讲机将收不到有效信号，这时，就得用对讲机中继台。中继台的作用就是将收到的信号转发出去，完成信号之间的中继。

▲ 对讲机、中继台通信设备

3.10 安全标志牌

- 施工现场使用的安全标志牌应符合国家标准《安全标志及其使用导则》（GB 2894—2008）。
- 标志牌应设在明亮并与安全有关的醒目的地方；环境信息标志宜设在有关场所的入口处和醒目处；局部信息标志应设在所涉及相应危险地点或设备（部件）附近的醒目处。
- 标志牌不应设在门、窗、架等可移动的物体上，以免标志牌随母体物体相应移动，影响认读。标志牌前不得放置妨碍认读的障碍物。
- 多个标志牌在一起设置时，应按警告、禁止、指令、提示类型的顺序，先左后右、先上后下地排列。

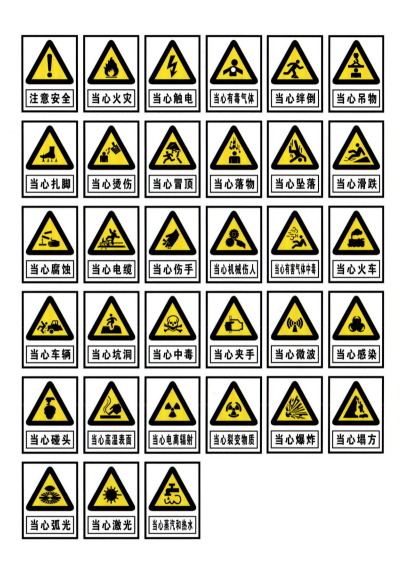

▲ 警告安全标志系列

合肥市城市轨道交通工程安全文明施工标准化图集

▲ 禁止安全标志系列

▲ 指令安全标志系列

NO.3 安全防护设施

▲ 消防、提示安全标志系列

▲ 紧急疏散安全标志系列

NO. 4

HeFei　Safe And Civilized City Rail Transit
　　　　Construction Standard Atlas

合肥市城市轨道交通工程安全文明施工标准化图集

临时用电
设施

4

TEMPORARY USE OF ELECTRICITY
FACILITIES

4.1 配电系统

◆ 施工现场实行三级配电三级保护的 TN-S 保护接零系统。

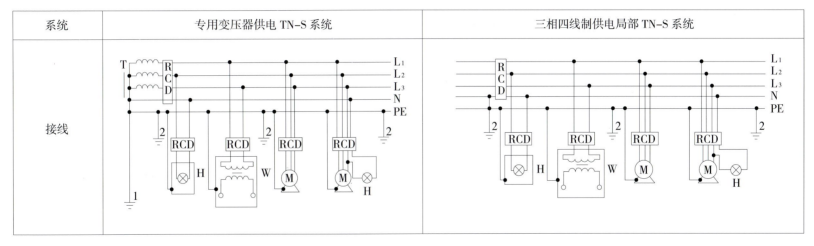

L_1、L_2、L_3 – 相线；N – 工作零线；PE – 保护零线、保护线；1 – 工作接地；
2 – 重复接地；T – 变压器；RCD – 漏电保护器；H – 照明器；W – 电焊机；M – 电动机

▲ TN-S 保护接零系统（漏电保护器接线）

合肥市城市轨道交通工程安全文明施工标准化图集

◆ 一级总配电箱、二级分配电箱、三级设备开关箱内的隔离开关（断路器）和漏电保护器分断时均应具有可见分断点。

▲ 总配电箱

▲ 分配电箱

▲ 开关箱

NO.4 临时用电设施

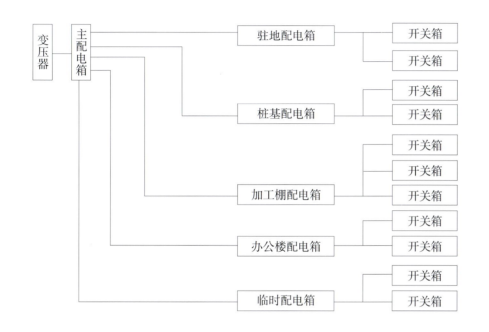

▲ 一级总配电箱配电系统图

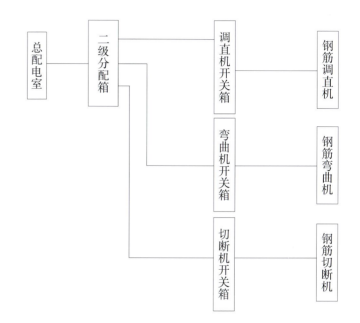

▲ 钢筋加工区用设备二级分配箱配电系统图

◆ 一级总配电箱和二级分配电箱门内侧均应张贴配电系统分配图，三级开关箱门外侧要标明控制的用电设备。

4.2 配电系统安全防护

◆ 固定式配电箱、开关箱的中心点与地面的垂直距离应为 1.4~1.6m。移动式配电箱、开关箱应装设在坚固、稳定的支架上，其中心点与地面的垂直距离宜为 0.8 ~ 1.6m。三级配电箱箱体处均应进行重复接地，接地线用黄绿色 PE 线，接地体用圆钢、角钢或者钢管，严禁使用螺纹钢作为接地体。

▲ 移动式配电箱

▲ 移动式配电箱、开关箱示意图（单位：m）　　▲ 固定式配电箱、开关箱示意图（单位：m）

▲ 接地黄绿色 PE 线

NO.4 临时用电设施

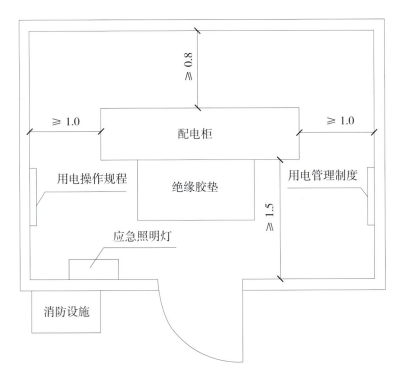

▲ 总配电房平面布置图（单位：m）

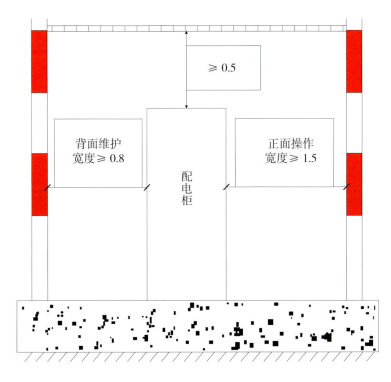

▲ 配电箱侧面图（单位：m）

◆ 一级总配电箱处必须设置配电室，配电室应靠近电源，配电室门正常开启方向向外，并应设在灰尘少、潮气少、振动小、无腐蚀介质、无易燃易爆物及道路畅通的地方。配电室应设置在高出自然地面20cm的混凝土承台上，且承台四周应设置排水沟。配电室布置应符合下列要求：配电柜正面的操作通道宽度，单列布置或双列背对背布置不小于1.5m，双列面对面布置不小于2m；配电柜后面的维护通道宽度，单列布置或双列面对面布置不小于0.8m，双列背对背布置不小于1.5m，个别地点如有建筑物结构凸出的地方，则此点通道宽度可减少0.2m；配电柜侧面的维护通道宽度不小于1m。

- 二级配电箱应设置防护棚，应具有防止雨雪和非电器管理人员进入的效果，防护材料可采用钢管或金属制阑珊。
- 防护棚地面应做硬化处理，地面应干净整洁，不得堆放妨碍操作、维修的物品，防护棚门前 1m 范围内不得堆放其他材料，确保门开启方便。

▲ 配电箱防护棚实景图

NO.4 临时用电设施

▲ 固定式开关箱顶部防雨雪措施实景图

◆ 固定式开关箱顶部均应采取防雨雪措施，具有防止雨雪进入开关箱的效果，移动式开关箱根据使用场地情况采取灵活可靠的防雨雪措施。

- 电缆线路应采用埋地或架空敷设，严禁沿地面明设，并应避免机械损伤和介质腐蚀。架空线必须架设在专用电杆上，严禁架设在树木、脚手架及其他设施上。埋地电缆路径应设方位标志。电缆类型应根据敷设方式、环境条件选择。埋地敷设宜选用铠装电缆；当选用无铠装电缆时，应能防水、防腐。架空敷设宜选用无铠装电缆。电缆直接埋地敷设的深度不应小于700mm，并应在电缆紧邻上、下、左、右侧均匀敷设不小于50mm厚的细砂，然后覆盖砖或混凝土板等硬质保护层。

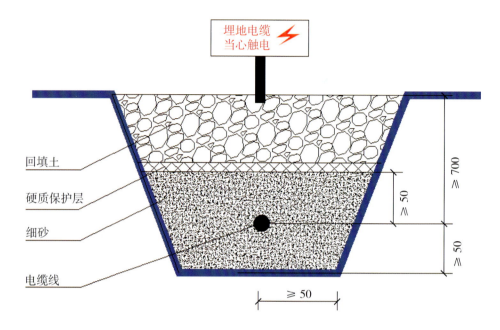

▲ 电缆线路埋地敷设示意图（单位：mm）

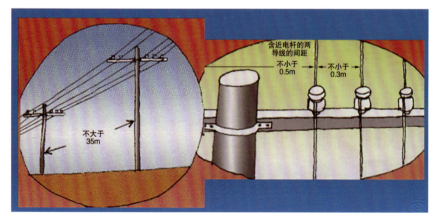

▲ 架空线路示意图

- 架空线路应符合JGJ 46—2005要求，架空线必须设在专用电杆上，严禁架设在树木、脚手架及其他设施上，架空线路的档距不得大于35m，架空线路的线间距不得小于0.3m，靠近电杆的两导线的间距不得小于0.5m。

4.3 用电设备安全防护

◆ 设备电源线应穿管保护。固定设备水平电源线采用 PVC 管埋地敷设，PVC 管直径为电源线直径的 1.5 倍，设备距离开关箱水平距离不得大于 3 000mm。

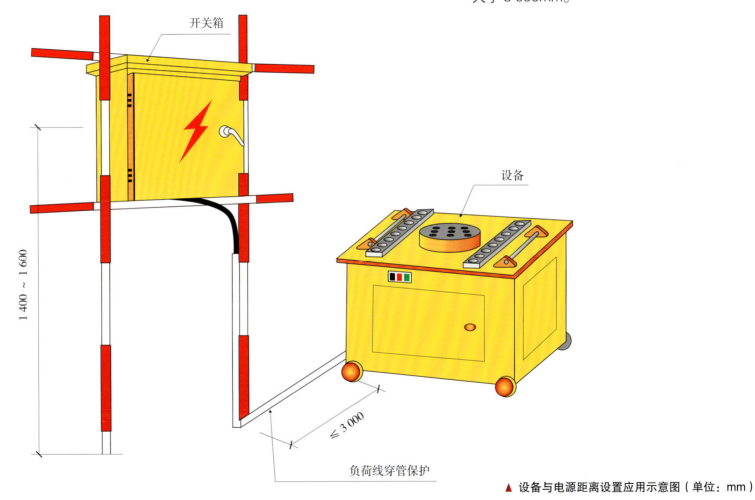

▲ 设备与电源距离设置应用示意图（单位：mm）

4.4 照明用电

◆ 隧道、人防工程、高温、有导电灰尘、比较潮湿或灯具离地高度小于 2.5m 场所的照明电源电压不应大于 36V。
◆ 潮湿和易触电及带电体场所的照明，电源电压不得大于 24V。
◆ 特别潮湿场所、导电良好的地面、锅炉或金属容器内的照明电源电压不得大于 12V。
◆ 照明变压器必须使用双绕组安全隔离变压器，严禁使用自耦变压器。

▲ 照明使用安全电压示意图

4.5 用电安全管理

◆ 施工现场临时用电设备在 5 台及以上或设备总容量在 50kW 及以上者，应编制用电组织设计；临时用电组织设计及变更时，必须履行"编制、审核、批准"程序，由电气工程技术人员组织编制，经相关部门审核及具有法人资格企业的技术负责人批准后实施。变更用电组织设计时应补充有关图纸资料。临时用电工程必须经编制、审核、批准部门和使用单位共同验收，合格后方可投入使用。

◆ 电工必须经过按国家现行标准考核合格后，持证上岗工作；其他用电人员必须通过相关安全教育培训和技术交底，考核合格后方可上岗工作。安装、巡检、维修或拆除临时用电设备和线路，必须由电工完成，并应有人监护。电工等级应同工程的难易程度和技术复杂性相适应。

◆ 施工现场临时用电必须建立安全技术档案，并应包括下列内容：
（1）用电组织设计的全部资料；
（2）修改用电组织设计的资料；
（3）用电技术交底资料；
（4）用电工程检查验收表；
（5）电气设备的试、检验凭单和调试记录；
（6）接地电阻、绝缘电阻和漏电保护器漏电动作参数测定记录表；
（7）定期检（复）查表；
（8）电工安装、巡检、维修、拆除工作记录。

◆ 安全技术档案应由主管该现场的电气技术人员负责建立与管理。其中"电工安装、巡检、维修、拆除工作记录"可指定电工代管，每周由项目经理审核认可，并应在临时用电工程拆除后统一归档。临时用电工程应定期检查。定期检查时，应复查接地电阻值和绝缘电阻值。临时用电工程定期检查应按分部、分项工程进行，对安全隐患必须及时处理，并应履行复查验收手续。

NO. 5

HeFei Safe And Civilized City Rail Transit Construction Standard Atlas
合肥市城市轨道交通工程安全文明施工标准化图集

环保与污染防治设施

5

ENVIRONMENTAL PROTECTION AND POLLUTION CONTROL
FACILITIES

NO.5 环保与污染防治设施

5.1 车站冲洗平台

◆ 渣土外弃方量在 10 000m³ 以上的项目工点，采用自动冲洗平台。

◆ 运输车辆应在除泥、冲洗干净后方可驶出作业场所。

▲ 出入口自动冲洗平台实景图

NO.5 环保与污染防治设施

◆ 渣土外弃方量在 10 000m³ 以下的项目工点,采用人工冲洗平台。车站进出大门洗车处各配备 1 台高压冲洗设备,专人冲洗轮胎及车体。

▲ 出入口人工冲洗平台实景图

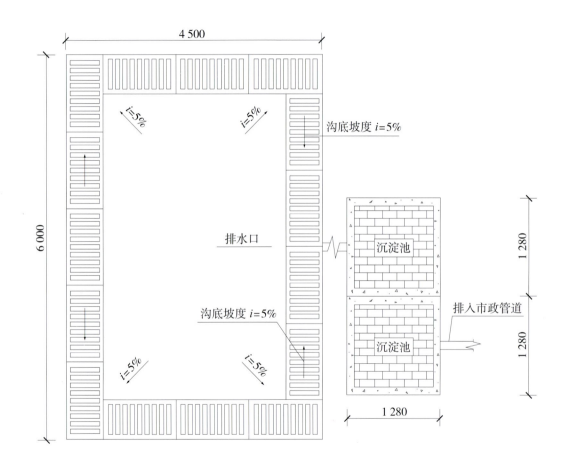

▲ 出入口冲洗平台平面图（单位：mm）

（1）洗车槽四周布置排水沟，并及时清掏排水沟内污泥。
（2）排水沟面板采用 ϕ32 以上螺纹钢或型钢格栅，确保能承受车辆重压。
（3）排水沟与沉淀池连接，沉淀池至少设置两级沉淀。

NO.5 环保与污染防治设施

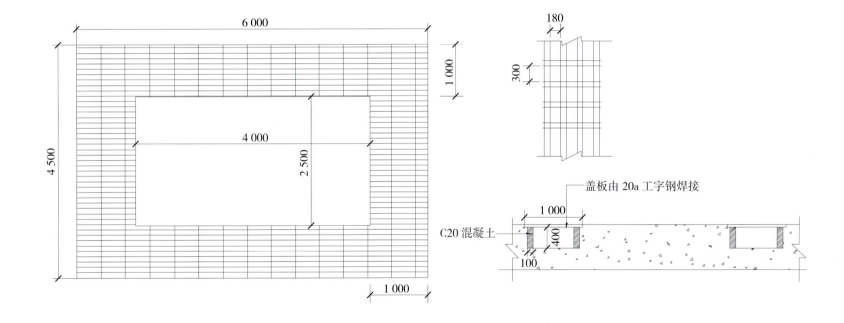

▲ 出入口冲洗平台平面图（单位：mm）

5.2 沉淀池

◆ 靠近出水口的位置。
◆ 靠近围挡边缘的位置。
◆ 应当妥善覆盖防护，方便清理。

▲ 沉淀池实景图

NO.5 环保与污染防治设施

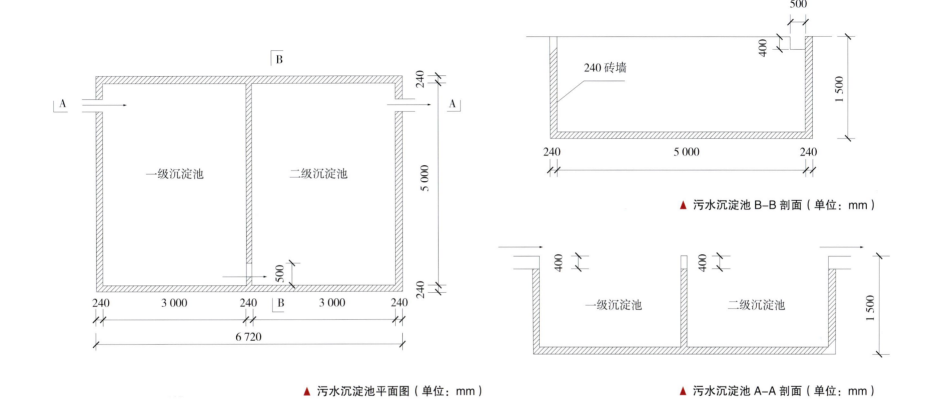

▲ 污水沉淀池平面图（单位：mm）

▲ 污水沉淀池 B—B 剖面（单位：mm）

▲ 污水沉淀池 A—A 剖面（单位：mm）

◆ 仅作为不含油污水沉淀。
◆ 池壁 C20 混凝土。
◆ 盖板 ϕ16 钢筋或钢板网铺面。
◆ 周边防护，定时清掏。

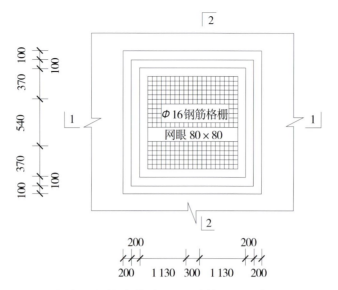

▲ 污水沉淀池细部构造平面图（单位：mm）

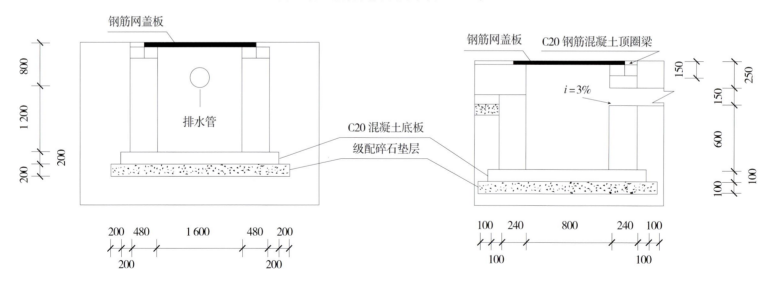

▲ 污水沉淀池细部构造 1-1 剖面图（单位：mm）

▲ 污水沉淀池细部构造 2-2 剖面图（单位：mm）

5.3 渣土覆盖

- 渣土、建筑垃圾等无法在24h内清运完毕的，应当在施工工地内设置临时堆放场。
- 围挡内临时堆放渣土高度不能高于围挡高度；临时堆放应当采取围挡、遮盖等防尘措施。
- 渣土覆盖材料采用密目网遮盖。

▲ 渣土覆盖实景图

5.4 智能渣土车

▲ 智能渣土车实景图

◆ 渣土运输单位应当与建设单位签订委托运输协议，并向城市管理部门申请办理渣土单车运输证。
◆ 渣土运输车辆外表整洁、状况良好，年检证件有效齐全，核准的车辆必须实行密闭化运输，安装使用 GPS 等定位监控系统，运输过程中严禁遗撒泄漏。
◆ 2015 年 6 月 1 日起，全部实行智能渣土车运输渣土。

NO.5 环保与污染防治设施

◆渣土运输视频监控装置，采用最新通信技术，使用计算机或手机登录监控软件，即可清晰地查看现场画面，支持抓拍、多用户同时查看、360°全方位监控、录像等功能。

▲ 渣土监控设置

5.5 洒水车与机械清扫车

- 施工现场应建立洒水清扫制度，并有专人负责。
- 除雨雪或者最低气温在2℃以下的天气外，围挡周边道路至少每日冲洗1次、洒水降尘2次。
- 工地道路实行洒水清扫，鼓励采取机械化洒水清扫。
- 采用人工方式清扫的，应当符合市容和环境卫生作业服务规范。

▲ 洒水车实景图

▲ 机械清扫车实景图

5.6 喷射混凝土防护棚

▲ 喷射混凝土防护棚实景图

◆ 施工现场喷射混凝土使用的强制性搅拌机应采用彩钢板防护封闭。
◆ 砂、水泥原材料储料仓应分仓设置,并采用彩钢板防护棚封闭。

5.7 全封闭拌和楼

▲ 全封闭拌和楼实景图

◆ 应采用商品混凝土和预拌砂浆。
◆ 仅盾构施工注浆采用现场拌和,砂石料堆场和拌和楼采用全封闭,防止扬尘。

5.8 污染防治取费标准

- 安徽省人民代表大会常务委员会《关于加强建筑施工扬尘污染防治工作的决定》，已于 2015 年 1 月 31 日安徽省第十二次人民代表大会以地方法规《安徽省大气污染防治条例》通过，并于 3 月 1 日起实施；该条例第六章，全文纳入了上述的决定意见，要求建设单位向县以上人民政府提交扬尘污染防治方案，并保障施工单位扬尘污染防治的专项费用。
- 合肥市政府转发了安徽省住房城乡建设厅《关于印发安徽省建筑工程施工扬尘污染防治的通知》（建质〔2014〕28 号文），合肥市城乡建设委员会印发了《合肥市建设工程扬尘污染防治暂行规定》的通知，并要求落实。
- 根据以上文件精神，安徽省建设工程造价管理总站，于 2014 年 4 月 10 日印发了《关于建设工程扬尘污染防治费计取的通知》，要求扬尘污染防治增加费，以定额人工费和机械费之和为取费基础，按照 2% 开列清单，作为不可竞争费用。其余已经涵盖在安全文明施工费里的部分，仍按不可竞争费用进行投标报价。
- 此项费用按照目前法律条文要求：费用落实以后，建设管理部门按照专项报价，单独支付，按照严格考核的总体要求对建设工程扬尘污染防治进行常态化的管理。

参考法律法规及标准规范

法律

1. 中华人民共和国特种设备安全法（中华人民共和国主席令第 4 号）
2. 中华人民共和国消防法（中华人民共和国主席令第 6 号）
3. 中华人民共和国水污染防治法（中华人民共和国主席令第 87 号）
4. 中华人民共和国环境保护法（中华人民共和国主席令第 9 号）
5. 中华人民共和国固体废物污染环境防治法（中华人民共和国主席令第 31 号）
6. 中华人民共和国大气污染防治法（中华人民共和国主席令第 32 号）
7. 中华人民共和国职业病防治法（中华人民共和国主席令第 52 号）
8. 中华人民共和国安全生产法（中华人民共和国主席令第 13 号）
9. 中华人民共和国环境噪音污染防治法（中华人民共和国主席令第 77 号）

法规

1. 建设项目环境保护管理条例（中华人民共和国国务院令第 253 号）
2. 国务院关于特大安全事故行政责任追究的规定（中华人民共和国国务院令第 302 号）
3. 建设工程安全生产管理条例（中华人民共和国国务院令第 393 号）
4. 危险化学品安全管理条例（中华人民共和国国务院令第 645 号）

规章

1. 劳动防护用品监督管理规定（国家安全生产监督管理总局令第 1 号）
2. 生产经营单位安全培训规定（国家安全生产监督管理总局令第 3 号）
3. 安全生产事故隐患排查治理暂行规定（国家安全生产监督管理总局令第 16 号）
4. 生产安全事故应急预案管理办法（国家安全生产监督管理总局令第 17 号）
5. 特种作业人员安全技术培训考核管理规定（国家安全生产监督管理总局令第 30 号）
6. 危险化学品重大危险源监督管理暂行规定（国家安全生产监督管理总局令第 40 号）
7. 安全生产培训管理办法（国家安全生产监督管理总局令第 44 号）
8. 危险化学品建设项目安全监督管理办法（国家安全生产监督管理总局令第 45 号）
9. 工作场所职业卫生监督管理规定（国家安全生产监督管理总局令第 47 号）
10. 职业病危害项目申报办法（国家安全生产监督管理总局令第 48 号）
11. 用人单位职业健康监护监督管理办法（国家安全生产监督管理总局令第 49 号）
12. 建设项目职业卫生"三同时"监督管理暂行办法（国家安全生产监督管理总局令第 51 号）

13. 危险化学品登记管理办法（国家安全生产监督管理总局令第 53 号）
14. 建设工程施工现场管理规定（中华人民共和国建设部令第 15 号）
15. 城市建筑垃圾管理规定（中华人民共和国建设部令第 139 号）
16. 建筑起重机械安全监督管理规定（中华人民共和国建设部令第 166 号）
17. 建设工程消防监督管理规定（修订）（中华人民共和国公安部令第 119 号）
18. 火灾事故调查规定（修订）（中华人民共和国公安部令第 121 号）
19. 建设项目职业病危害分类管理办法（中华人民共和国卫生部令第 49 号）
20. 中华人民共和国尘肺病防治条例（国发〔1987〕105 号）
21. 职业病危害因素分类目录（卫法监发〔2002〕63 号）
22. 建设项目职业病危害评价规范（卫法监发〔2002〕63 号）
23. 关于开展重大危险源监督管理工作的指导意见（安监管协调字〔2004〕56 号）
24. 危险性较大工程安全专项施工方案编制及专家论证审查办法（建质〔2004〕213 号）
25. 关于印发《建筑工程安全防护、文明施工措施费用及使用管理规定》的通知（建办〔2005〕89 号）
26. 关于进一步规范房屋建筑和市政工程生产安全事故报告和调查处理工作的若干意见（建质〔2007〕257 号）
27. 建筑施工特种作业人员管理规定（建质〔2008〕75 号）
28. 建筑起重机械备案登记办法（建质〔2008〕76 号）
29. 《危险性较大的分部分项工程安全管理办法》（建质〔2009〕87 号）
30. 国务院安委会关于深入开展企业安全生产标准化建设的指导意见（安委〔2011〕4 号）
31. 房屋市政工程生产安全和质量事故查处督办暂行办法（建质〔2011〕66 号）
32. 关于深入开展企业安全生产标准化岗位达标工作的指导意见（安监总管四〔2011〕82 号）
33. 关于印发《建筑施工企业负责人及项目负责人施工现场带班暂行办法》的通知（建质〔2011〕111 号）
34. 房屋市政工程生产安全重大隐患排查治理挂牌督办暂行办法（建质〔2011〕158 号）